DEVOCIÓN AL ESPÍRITU SANTO

"Y además el Espíritu divino ayuda a nuestra flaqueza; pues no sabiendo siquiera qué hemos de pedir en nuestras oraciones, ni cómo conviene hacerlo, el mismo Espíritu hace, o produce en nuestro interior, nuestras peticiones a Dios con gemidos que son inexplicables".

—Epístola a los Romanos 8:26

DEVOCIÓN AL ESPÍRITU SANTO

"Y además el Espíritu divino ayuda a nuestra flaqueza; pues no sabiendo siquiera qué hemos de pedir en nuestras oraciones, ni cómo conviene hacerlo, el mismo Espíritu hace, o produce en nuestro interior, nuestras peticiones a Dios con gemidos que son inexplicables".

—Epístola a los Romanos 8:26

"Qué Dios sea glorificado en todas las cosas".

—Regla de San Benito

TAN Books
Charlotte, Carolina del Norte, EE. UU.

Nihil Obstat: ✠ Stephanus Schappler, O.S.B.
Abbas Coadjutor Im. Conceptionis

Imprimatur: ✠ Carolus Hubertus Le Blond
Episcopus Sancti Josephi

Publicado originalmente en inglés en Clyde, Missouri. Quinta Edición, 1950. Recomposición tipográfica y publicación en 2002 por TAN Books. Traducido al español por Araceli Anatrella, 2011.

ISBN: 978-0-89555-877-0

Ilustración de portada: Detalle de la foto de la ventana de "La Coronación de María". Foto © 1996 Alan Brown, Bardstown, Kentucky. Diseño de portada: Pete Massari, Rockford, Illinois.

Nota de la traductora: Las citas bíblicas son tomadas de la Sagrada Biblia, Nueva Edición Guadalupana traducida del latín al español por Félix Torres Amat en 1950.

Impreso en India

TAN Books
Charlotte, Carolina del Norte, EE. UU.
2011

Ven, Espíritu Santo,
llena los corazones de Tus fieles,
y enciende en ellos el fuego
de Tu divino amor.

Envía Señor Tu Espíritu
y todo será creado
y renovarás
la faz de la tierra.

ÍNDICE

ORACIONES

Capítulo 1

¿QUIÉN ES EL ESPÍRITU SANTO?

El Espíritu Santo es la tercera persona de la Santísima Trinidad, la persona del amor divino. Se lo llama Espíritu porque procede del Padre y del Hijo. El Padre y el Hijo se aman el uno al otro con un amor infinito y este amor es una persona, el Espíritu Santo, quién es el enlace de unión y la fuente de felicidad del Padre y del Hijo. Desde la eternidad el Padre ama al Hijo y el Hijo ama al Padre. Ellos se regocijan en este amor divino, en la persona del Espíritu Santo.

Así como el sol da luz y calor a todos los habitantes de la tierra, el Espíritu Santo da gracia y luz a todos los hombres, pero especialmente a la santa Iglesia Católica y a los corazones de los justos [aquellos en estado de gracia]. Al Espíritu Santo se le atribuyen las obras de la Santísima Trinidad especialmente aquellas en las cuales el amor sobresale, es decir, el Espíritu Santo otorga la gracia e infunde los dones espirituales, los cuales llevan a la santificación del alma. Por esta razón se lo llama Divino Santificador, Dador de vida, Espíritu de Caridad.

Capítulo 2

OBRAS DEL ESPÍRITU SANTO

EL MARAVILLOSO dominio del Espíritu Santo, en ambos, el mundo visible y el invisible, ha llenado a los hijos de Dios con la más profunda devoción y el más tierno amor hacia la tercera persona de la Santísima Trinidad. Las magníficas obras del Espíritu Santo en los reinos de la naturaleza y de la gracia son tan sublimes y maravillosas que el corazón del devoto se llena de amor y gratitud al contemplarlas y su comprensión, iluminada por la luz divina, elogia y adora a Dios en Sus grandes obras. Las obras más importantes del Espíritu Santo son seis, según se explica en los siguientes párrafos.

1. LA BELLEZA, EL ORDEN Y LA ARMONÍA DE LA NATURALEZA

La historia de la creación, nos dice que el Espíritu de Dios vio con placer todas Sus creaciones. Este trabajo fue bueno porque se realizó con el amor y el poder del Espíritu Santo y porque el mismo Espíritu Santo se entregó enteramente sobre toda la creación. No hay nada que con más elocuencia proclame la existencia de un creador todo sabio y todo poderoso como la belleza y la maravillosa armonía que se demuestra en todo el reino de la naturaleza, desde el insecto más pequeño hasta el gigantesco sistema de las estrellas y los planetas que forman el universo. Toda esta belleza y maravilloso orden es la obra de un Dios Trino, con la intervención especial del Espíritu Santo.

2. LA SANTÍSIMA VIRGEN MARÍA

El Espíritu Santo preparó y adornó a María como el templo de la Deidad, la Inmaculada Madre de la Eterna Palabra, el milagro más hermoso de la gracia y la santidad, Su esposa elegida y la Reina del cielo. En la beatitud de la vida eterna, el Espíritu Santo descansa con éxtasis inefable en María, Su intachable novia.

3. LA ENCARNACIÓN

Cuando la segunda persona de la Santísima Trinidad descendió a la tierra y asumió la carne en el seno de la Santísima Virgen María, el Espíritu Santo fue quien realizó este maravilloso milagro. En este misterio, el Espíritu Santo como creador y artista divino se sobrepasa a sí mismo, creando la obra maestra más hermosa de toda la creación que da lugar a nuestra redención y la hace posible.

La Madre de nuestro Redentor fue preparada por el Espíritu Santo para ser la digna Madre de Dios. La inmensidad de Su energía la eclipsó y la vehemencia de Su amor labró en ella el misterio de la encarnación. Sobre la sagrada humanidad de nuestro Salvador fueron vertidos todos los dones del Espíritu Santo, de modo que el Hijo de Dios siempre fue guiado por el Espíritu Santo en todas Sus obras.

4. LA IGLESIA DE JESUCRISTO

El Espíritu Santo formó y modeló la Iglesia de Cristo con poder y fuego divino, rondando sobre la sangre y el agua que manaron del corazón de

Jesús en la cruz. Él continuará salvaguardando y dispensando a través de la Iglesia los méritos infinitos de nuestro Salvador hasta el fin del mundo. Es el Espíritu Santo quien enseña, gobierna y santifica a la Iglesia y es en virtud de este mismo Espíritu que la Iglesia enseña, guía y da reglas a los fieles. De una manera invisible, el Espíritu Santo dirige a la "Iglesia de enseñanza" y preserva su doctrina en su pureza primitiva fervorosamente cuidando la infalibilidad de su sumo pontífice, como Cristo prometió a Sus Apóstoles: "Mas el Consolador, el Espíritu Santo, que mi Padre enviará en mi nombre, os lo enseñará todo y os recordará cuantas cosas os tengo dichas" (*Juan* 14:26).

5. LA SALVACIÓN Y SANTIFICACIÓN DE LAS ALMAS

Jesucristo es el autor de nuestra santificación, ya que Él ha merecido y ha preparado esta gracia para nosotros. Es el Espíritu Santo, sin embargo, quien en virtud de los méritos de nuestro Salvador, realmente nos santifica, nos purifica y nos hace agradables a la vista de Dios. "Pero fuisteis lavados, fuisteis santificados, fuisteis justificados en el nombre de Nuestro Señor Jesucristo, y por el Espíritu de Nuestro Dios" (*Corintios* 1 6:11).

El Espíritu Santo limpia y enriquece a las almas con la Preciosa Sangre y los infinitos méritos de Jesucristo, les hace hijos de Dios y coherederos con Cristo y los transforma en templos para Su propia habitación. Por medio de la gracia santificante, el Espíritu Santo toma posesión del alma y la llena con Su amor y gracia, de modo que el alma, creada a la imagen de Dios, pueda ser adornada con toda la virtud y santidad, convirtiéndose así en un lugar de vivienda digno de la Santísima Trinidad.

El Espíritu Santo nos da vida sobrenatural en el Bautismo; Él fortalece y aumenta Sus siete Dones en la Confirmación; Él actúa en nuestras almas a través de la Santa Comunión e imparte fuerza y consuelo en los otros Sacramentos. Al Espíritu Santo le debemos todo el consuelo, la luz, la fuerza y las gracias que recibimos.

6. LA GLORIFICACIÓN DE LOS ELEGIDOS EN EL CIELO

La sexta y más compasiva de las magníficas obras del Espíritu Santo es la admisión de todos los hijos de Dios en el Reino del cielo donde el Padre y el Hijo se aman en la beatitud infinita del Espíritu Santo y donde todos los elegidos de Dios se aman el uno al otro en este amor sagrado, ardiente, infinitamente dichoso del Espíritu Santo. Cuan inconcebible es el éxtasis de los que moran en el reino del Espíritu Santo. ¡Disfrutarán de Su dicha por toda la eternidad!

Capítulo 3

CÓMO OBRA EL ESPÍRITU SANTO EN LAS ALMAS

TODOS los bienes espirituales que poseemos provienen del Espíritu Santo, porque de Él es el amor del Padre y del Hijo, y por lo tanto es la fuente inagotable de beneficios y gracias sobrenaturales. Sin la gracia del Espíritu Santo, no podemos hacer la mínima cosa por nuestra santificación. No podemos comenzar, ni continuar, ni terminar ninguna buena obra. "Nadie puede confesar que Jesús es el Señor, si no es por el Espíritu Santo" (*Corintios* 1 12: 3). Por lo tanto la Iglesia dice: "¡Ven Espíritu Santo! ¡Ven, Padre de los pobres! ¡Ven, donador de dones! ¡Ven, luz de nuestros corazones! Sin Tu ayuda Divina, no hay bondad en el hombre".

Los teólogos comparan a menudo la manera en la cual el Espíritu Santo obra en el alma de los justos con la acción que el fuego tiene sobre el hierro. Cuando un pedazo de hierro se pone en el fuego, el hierro gradualmente se hace rojo y llega a brillar intensamente al rojo vivo como el fuego. El fuego comunica al hierro su color y su calor; lo penetra y lo cambia quitándole el óxido y haciéndole uno con sí mismo de manera que aparenta ser una parte del fuego. De modo semejante el Espíritu Santo actúa sobre las almas y permite que Su gracia actúe sobre ellas. Penetra al alma, imparte Su gracia santificante, la llama de su amor divino, que purifica el alma, consume el óxido del pecado, y lo inflama con el fuego divino, hasta que el alma llegue a ser hermosa, brillante, sobrenatural y espiritualmente semejante a Dios.

¿Cuál es esta acción del Espíritu Santo en el alma de los hombres y qué gracias imparte? El Espíritu Santo ilumina el entendimiento, santifica el afecto, fortalece la voluntad, consuela el corazón y purifica el cuerpo.

El Espíritu Santo ilumina el entendimiento. Si el Espíritu Santo no envía un rayo de luz divina a nuestro corazón, las palabras que leemos o que oímos no sirven de nada.

El Espíritu Santo santifica nuestro afecto. "A través del Espíritu Santo, dice San Juan Crisóstomo, obtenemos el perdón de nuestros pecados; a través de Él somos purificados de toda mancha de pecado venial; a través de Sus dones, los que se entregan a Su gracia divina, se convierten en ángeles; no que se cambie su naturaleza, sino lo que es más maravilloso, permanecen como hombres, caminando ante Dios tan puros y santos como los ángeles. A través de la gracia del Espíritu Santo, el hombre, que fue empapado en el fango del pecado, brilla más radiantemente que el sol".

Según las palabras de nuestro Salvador, el Espíritu Santo consolida la voluntad. "Recibiréis, sí, la virtud del Espíritu Santo, que descenderá sobre vosotros y me serviréis de testigos" (*Hechos* 1:8). Sin la gracia del Espíritu Santo, el hombre es entregado a sus enemigos que quieren impedir su salvación. Con la ayuda del Espíritu Santo, el hombre puede sobrellevar todas las trampas del maligno. San Bernardo dice: "Con los dones del Espíritu Santo, el hombre se consolida contra cada tentación y persecución; se hace invencible y audaz". ¡Qué tímidos y cobardes eran los Apóstoles antes de que recibieran el poder que viene de arriba! San Pedro, negó a Nuestro Señor. Pero después de la venida del Espíritu Santo, los Apóstoles no tenían ni miedo, ni dudas. Con valor intrépido se apresuraron a viajar por los países de la tierra y despreciaron toda persecución y tortura, considerando un triunfo el morir por Cristo. En sus pasos siguieron los mártires, quienes, con la fuerza del Espíritu Santo, exhibieron un valor heroico. Incluso las tímidas vírgenes, mantenidas por su poder y amor, aguantaron tormentos inefables sin estremecerse.

El Espíritu Santo consuela a los peregrinos de la tierra en sus tribulaciones, dificultades y sufrimientos. Por lo tanto, Nuestro Señor lo llamó el "Consolador". La Santa Iglesia reza: "Ven, Espíritu Santo, Consolador, el regalo más dulce". Él imparte a las almas la "paz de Dios que sobrepasa todo entendimiento" (*Filipenses* 4:7), y llena los corazones con un bálsamo celestial, como San Pablo atestigua: El Espíritu Santo "nos consuela en todas nuestras tribulaciones" ... "Estoy inundado de consuelo, reboso de gozo en medio de todas mis tribulaciones" (*2 Corintios* 1:4 y 7:4).

El Espíritu Santo purifica nuestro cuerpo y por ser morada divina en nuestras almas, nos hace Sus "templos".

"Hijos míos", exclamó el Santo Cura de Ars, "¡Qué hermoso es! El Padre es nuestro creador, el Hijo es nuestro redentor y el Espíritu Santo es nuestro guía. El hombre por sí mismo no es nada, pero con el Espíritu Santo es muy grande. El Espíritu Santo eleva su mente y la levanta alto. ¿Por qué estaban todos los santos tan desprendidos de la tierra? Porque se dejaron llevar por el Espíritu Santo. Los que son guiados por el Espíritu Santo tienen ideas verdaderas; esa es la razón por la que mucha gente ignorante es más sabia que la docta. Cuando el Espíritu Santo nos guía, no podemos perdernos. Él es nuestra fuerza y nuestra luz. Él nos enseña a distinguir entre la verdad y la falsedad, entre el bien y el mal".

El que posee el Espíritu Santo tiene el bien más supremo, tiene la misma gracia divina.* Tiene a Dios y a los ángeles como amigos, tiene la promesa

---

* ¿Quién posee el Espíritu Santo? Cada persona en estado de gracia santificante posee el Espíritu Santo, por lo menos a un grado mínimo y una persona puede crecer en posesión del Espíritu Santo. Uno recibe el Espíritu Santo por primera vez en el Bautismo, y si uno tiene la desgracia de cometer un pecado mortal y así perder al Espíritu Santo, uno lo recibe nuevamente (junto con gracia santificante) a través del Sacramento de la Confesión o Penitencia (también llamado Reconciliación).—*Editor, 2002*

de la salvación eterna. Además, tiene el perdón de todos sus pecados y todo lo bueno que pueda desear. El Espíritu Santo lo instruye en santidad, enciende su corazón con amor Divino, lo adorna con virtudes, lo purifica de la mancha del pecado, lo cuida como un devoto padre, lo ama como una tierna madre. El Espíritu Santo es su verdadero amigo, cura sus heridas, es su guía infalible en el camino de la salvación.

El que posee el Espíritu Santo es más rico que todos los adinerados de este mundo, más poderoso que todos los gobernantes, más feliz que todos los nobles, más alegre que aquellos empapados en placeres mundanos. Es bendito en cuerpo y alma, bendito en sus palabras y en sus hechos. Los ángeles lo sirven con placer, los santos lo miran con alegría y Dios mora con autocomplacencia en su corazón. La dulzura que estos hombres experimentan en su corazón no se puede expresar en palabras. Los que han probado esta alegría interior atestiguan que no hay placer en este mundo que se pueda comparar con esto y que en un cuarto de hora el alma disfruta de más dicha divina que los placeres y satisfacciones terrenales dan a las personas mundanas durante toda su vida.

EL ALMA PRIVADA DEL ESPÍRITU SANTO

Tenemos la necesidad absoluta del Espíritu Santo. Así como el alma es necesaria para la vida del cuerpo, así también el Espíritu Santo es imprescindible para la vida del alma. Así como el cuerpo no puede utilizar sus cinco sentidos sin el alma, el alma no puede utilizar sus facultades espirituales sin el Espíritu Santo; no puede ver, oír, hablar, probar, o trabajar sin el Espíritu Santo.

El alma sin el Espíritu Santo no puede ver al pecado con su verdadera maldad; no puede percibir la ocasión y el riesgo de pecado, el terrible castigo del infierno, la maldad del mundo, el encanto de la virtud, el valor de las buenas obras, la grandeza de la Santa Misa, el inmenso tesoro de la Santa Comunión, la belleza y la gloria del cielo.

El alma no puede oír sin el Espíritu Santo. No le importa escuchar la palabra de Dios. Evita instrucciones religiosas y si las oye, no las asimila, no le impresionan, ni le impulsan a cambiar su vida.

Sin el Espíritu Santo, el alma no puede hablar. Una persona que carece del Espíritu Santo no tiene amor a la oración, no le consuela la Confesión, no tiene determinación para seguir a Jesús.

El alma privada del Espíritu Santo no disfruta de las cosas espirituales. No se deleita en las cosas de Dios, no tiene devoción, ni atracción a la vida santa.

Sin el Espíritu Santo [es decir, si no está en estado de gracia], uno no puede realizar obras que lo conduzcan a su salvación. No puede dejar los malos hábitos, ni vivir una vida santa. El bien que haga no merecerá la vida eterna. No recibirá una recompensa en el cielo por sus oraciones, sacrificios y buenas obras.

Capítulo 4

LOS DONES DEL ESPÍRITU SANTO

LOS siete Dones del Espíritu Santo los recibimos en el Bautismo, junto a las tres Virtudes Teológicas: la Fe, la Esperanza, y la Caridad. Estos Dones son el dote o don nupcial con el cual el Padre Celestial enriquece y honra a Sus hijos adoptados en el momento de su regeneración, cuando su alma es santificada y desposada con Dios por amor divino.

Estos Dones se colocan en el alma como germen; están, por decirlo así, en su infancia, y el cristiano debe desarrollarlos con la oración ferviente y la práctica de la virtud, con la digna recepción de la Santa Comunión y la ayuda devota en la Santa Misa para que puedan producir fruto.

Estos preciosos Dones se imparten al alma como protección, como salvaguardia de las Virtudes Teológicas.

Son siete los Dones del Espíritu Santo: Sabiduría, Entendimiento, Consejo, Fortaleza, Conocimiento, Piedad o Santidad y Temor a Dios.

La **Sabiduría,** es el Don más preciado y privilegiado del Espíritu Santo. Es como un desborde de sabiduría no creada. San Bernardo la llama "el don sobrenatural del Espíritu Santo que nos permite conocer a Dios y regocijarnos en el amor perfecto". La Sabiduría no solo ilumina la mente, sino también enciende el corazón con amor a Dios, nos da entusiasmo por las cosas divinas y un deseo ardiente de los tesoros celestiales, especialmente un anhelo de poseer a Dios y de mirarlo cara a cara. Separa nuestros corazones de las cosas de este mundo y extirpa todo lo opuesto a nuestro propio fin. En Su luz, vemos cada vez más claramente la nada de las cosas creadas.

El **Entendimiento,** es el Don del Espíritu Santo que nos permite comprender los misterios y las doctrinas de nuestra religión. Si el designio de Dios es llevar un alma a la santidad, le da una luz interior, le permite comprender los misterios divinos y le anima a servirlo más perfectamente. Esta luz es el Don del Entendimiento, por medio del cual las personas más simples tienen a menudo un conocimiento profundo de los grandes misterios, como son el misterio de la Santísima Trinidad y de la Encarnación, sobrepasando así la comprensión natural del hombre docto pero menos devoto.

El **Consejo,** es el Don del Espíritu Santo que mueve al alma a elegir lo que es más conducente a la gloria de Dios y a su propia salvación. A través de este Don, aprendemos cómo podemos complacer a Dios. Siguiendo las inspiraciones del Espíritu Santo, recibimos verdadera paz interior y consolación espiritual. El Don del Consejo es necesario especialmente para superiores, cuyo deber es guiar a otros, porque aquí la prudencia natural no es suficiente.

La **Fortaleza,** es el Don del Espíritu Santo que desvanece toda timidez y respeto humano; consolida a las almas a odiar el pecado, practicar la virtud y preferir el desprecio, la pérdida temporal, la persecución e incluso la muerte antes que negar a Cristo de palabra u obra. Con el Don de la Fortaleza podemos luchar y vencer a los enemigos de nuestra salvación. Este nos permite, en medio de tentaciones, dificultades y persecuciones, cumplir la voluntad de Dios. Nos prepara y nos da valentía para emprender los sacrificios más grandes para nuestra salvación.

Por medio del Don del **Conocimiento,** el Espíritu Santo nos ilumina con una luz interna, para que podamos conocernos a nosotros mismos y discernir las trampas del amor propio, de nuestras pasiones, del diablo y del mundo y que podamos elegir los medios más aptos para superarlas. Con el Don del Conocimiento, el Espíritu Santo nos ilumina cada vez más mientras deja que Su luz divina entre en nuestros corazones y nos ilumine con respecto a las verdades reveladas y a las obligaciones que tenemos que cumplir. Estas verdades reveladas son más claras de lo que pudieron haber parecido por nuestra propia inteligencia. Este es el Don que tenían los santos, el cual sobrepasa a todo conocimiento mundano, "como que desciende del Padre de las luces" (*Santiago* 1:17). Incluso la naturaleza creada por Dios se nos hace como un libro abierto donde leemos a Dios y a Sus perfecciones.

Con el Don de la **Piedad** o de la Santidad, el Espíritu Santo infunde en nosotros una reverencia a Dios y a las cosas divinas y nos alegra al conversar con Él. La santidad nos inclina a amar a Dios como al mejor de los Padres, a amar tiernamente a Su Hijo querido y a Su Santa Madre. La Santidad nos ayuda a amar no solo a los santos y a los ángeles, sino también al hombre, como imagen e hijo [real o potencial] de Dios. Nos hace sentir el placer más dulce al conversar con Dios, escuchar la lectura espiritual y oír la Palabra Divina. Nos hace sentir la dicha de hacer la voluntad del Padre y nos hace que tengamos en el corazón todo lo que tiende al honor y la gloria de Dios.

El Don del **Temor a Dios,** es ese miedo infantil que nos hace no sentir temor por ninguna desgracia tanto como desagradar a Dios. Consecuentemente, nos hace huir del pecado como del mal más grande. Hay dos clases de temores, el temor que siente un criado y el que siente un niño. El temor infantil de Dios es el más noble y hermoso de los dos, pues exhorta al alma a evitar el menor pecado para no disgustar a Dios, el mejor y más amable de los Padres. Los santos estaban animados de un temor y amor infantiles hacia el Padre Divino y estaban listos para morir antes que romper su santa ley por medio del pecado intencionado.

Capítulo 5

LOS FRUTOS DEL ESPÍRITU SANTO

LOS Frutos del Espíritu Santo, según lo enumera San Pablo en su Epístola a los Gálatas (5:22-23), son doce: **caridad, gozo, paz, paciencia, benignidad (o amabilidad), bondad, longanimidad, mansedumbre, fe, modestia, continencia y castidad.** Tal como a un árbol se lo conoce por sus frutos, estos frutos deben ser visibles en el cristiano, porque así los hombres sabrán que el Espíritu Santo mora en él.

El hombre en cuyo corazón mora el Espíritu Santo puede ser comparado a un árbol vigoroso que produce el mejor y más dulce de los frutos, es decir, trabajos de virtud y santificación. Pero si el espíritu del mundo, la carne y el orgullo de la vida han tomado posesión de su alma, el hombre es como un árbol malvado que produce frutos diabólicos y amargos. Las obras de la carne, son opuestas a las del espíritu, son "frutos de muerte".

Los Frutos del Espíritu Santo son los más deseables. Endulzan nuestra vida aquí en la tierra y ofrecen la garantía de nuestro júbilo en el amor del Espíritu Santo por toda la eternidad.

PAZ EN EL CORAZÓN

El Padre Faber, un conocido escritor espiritual de origen inglés, fue recibido en la Iglesia el 18 de noviembre de 1845. Ese día, después de recibir los Sacramentos de la Santa Eucaristía y de la Confirmación, se sintió tan feliz que no podía expresar a un amigo la gran paz que inundaba su alma y que le dio un anticipo de la dicha eterna. Tomando una hoja de papel, escribió en ella tres palabras: "¡Paz, paz, paz!" Esta es la "paz de Dios que sobrepasa todo entendimiento" (*Filipenses* 4:7), la cual obtenemos cuando el Espíritu Santo entra en nuestras almas. La paz y la alegría en el Espíritu Santo son un anticipo de la futura dicha del cielo.

SAN FELIPE NERI

San Felipe Neri acostumbraba a pedir diariamente al Espíritu Santo. En el Día de Pentecostés de 1544, cuando una vez más muy fervientemente suplicó por las Gracias y los Dones del Espíritu Santo, se enfervorizó tanto con tal amor divino que no podía pararse. Se cayó impotentemente al piso y desnudó su pecho, intentando así refrescar su corazón ardiente. Lleno de gozo indescriptible, finalmente se levantó, pero su cuerpo entero tembló, su corazón intensamente se deleitó en el Señor.

Con frecuencia su amor y gozo llegaron a ser tan incontenibles que él decía en voz alta y sofocada: "¡Suficiente, Señor! ¡Suficiente! ¡La debilidad humana no puede aguantar esta excesiva felicidad!" ¿Quién no envidia a este santo por gozar tan intensamente de este dulce fruto del Espíritu Santo?

Capítulo 6

EL MÁS GRANDIOSO DE LOS DONES DEL ESPÍRITU SANTO

EL MÁS grandioso de los Dones que el Espíritu Santo imparte al alma es la Gracia Santificante, un don tan sublime, precioso y divino que sobrepasa la comprensión. Hace que nuestra alma se asemeje a Dios, correspondiéndole en su infinita santificación y graba en esta un parecido sobrenatural a Dios. Por medio de esta gracia, el alma se reviste de tal belleza celestial que en comparación, toda belleza terrenal parece vil.

El valor de la Gracia Santificante no puede ser expresado. Santo Tomás de Aquino dice: "La más mínima gracia supera a todas las riquezas de este mundo". Esto es asombroso. No podemos comprenderlo. Pero es así y puede ser explicado de la siguiente manera:

Quien tenga el menor grado de Gracia Santificante es un amigo de Dios. Si muere en esta gracia, será feliz por siempre en el cielo. Dios le dará un palacio cuyo valor es inestimable. Le hará un príncipe del reino divino y Se dará a sí mismo como su recompensa eterna. Entonces, ya que todos los tesoros del cielo y de la tierra abarcan a Dios, y Dios es de valor infinitamente mayor a cualquier cosa creada, consecuentemente si el hombre recibe al mismo Dios como recompensa por la Gracia Santificante, este gana infinitamente más que todos los tesoros del mundo.

¿CÓMO AUMENTAR LA GRACIA SANTIFICANTE?

Podemos aumentar nuestro grado de Gracia Santificante con cada buena obra realizada en estado de gracia. Mientras más buenas obras realicemos, más gracia merecemos. No solo con buenas obras aumentamos la Gracia Santificante, sino también con pequeñas acciones, como por ejemplo: con un suspiro ferviente, una mirada devota a la Santa Hostia o a un cuadro santo o con una humilde inclinación de la cabeza cuando oímos el Santo Nombre de Jesús; con aspiraciones piadosas tales como: "Oh mi Dios", "Oh buen Jesús" o "María, la Virgen más pura". Cada uno de estos pensamientos, deseos, palabras y obras piadosas aumentan la gracia de Dios en nosotros, y por cada uno de ellos recibimos más Gracia Santificante y merecemos más honor y alegría en el cielo. Dios se nos entrega a sí mismo en una medida abundante, de modo que podamos conocerlo mejor, amarlo más fervientemente y poseerlo más perfectamente. Además, todas nuestras actividades diarias, las cuales no son en sí mismas actividades piadosas, tales como comer, hablar, caminar, trabajar, etc., pueden ser santificadas si las hacemos por amor a Dios. Consecuentemente, pueden aumentar la Gracia Santificante que hay en nosotros y hacernos que lleguemos a merecer el cielo.

INEXPRESABLE BELLEZA

La Gracia Santificante imparte al alma una belleza inexpresable. Hace al alma tan agradable, hermosa y encantadora, que la belleza del firmamento y de la tierra no se compara con ella. Si podríamos contemplar a un alma en gracia de Dios, confesaríamos que toda la belleza natural desaparece ante ella.

¡Qué inconcebible belleza debe nuestra alma poseer, para que el mismo Dios infinitamente hermoso se complazca en ella! El menor grado de Gracia Santificante imparte al alma esta belleza; pero el que tiene más gracia, tiene un alma más hermosa; y, mientras más gracia adquiera, más hermosa se hará su alma.

¡Oh Dios mío, grande error cometen las personas cuando con el pecado mortal destruyen la belleza de su alma y roban al Creador su alegría!

UN HIJO DE DIOS

La Gracia Santificante eleva tanto al alma que le convierte en un verdadero hijo de Dios. En completo asombro por tal grande amor que Dios tiene por Sus criaturas, San Juan exclama: "Mirad, qué tierno amor hacia nosotros ha tenido el Padre, queriendo que nos llamemos hijos de Dios, y lo seamos en efecto" (*1 Juan* 3:1). Como el rango de príncipe desaparece ante Dios, así también todo rango terrenal se desvanece ante el privilegio de la adopción como hijos del Todopoderoso.

La consideración de esta realidad indujo a una hija del Rey Luis XV de Francia a hacerse Carmelita

Descalza. Una vez, mientras todavía vivía en la corte, esta princesa reprendió seriamente a su criada. Esta, una criada cristiana verdaderamente devota, dócilmente le hizo entender a su señora que sus reproches eran injustos. Exasperada, la princesa dijo, "¿No sabes que soy hija de un rey?"

"Y yo, respondió la criada, yo soy incluso la hija de Dios".

Estas palabras impresionaron tan profundamente a la princesa que, en su deseo ardiente de convertirse en hija privilegiada de Dios, renunció al mundo. ¡Que todos los que reciben la gracia inestimable de la adopción como hijos del Altísimo apreciaran Su exaltada dignidad!

ATESORE ESTE REGALO PRECIOSO

Como lo mencionamos antes, Santo Tomás de Aquino enseña que el mundo entero con todo lo que este ofrece, tiene menos valor ante Dios que una sola alma en estado de Gracia Santificante. Y todo esto es debido al Espíritu Santo, sin embargo, no independientemente de las otras dos personas divinas.

El Espíritu Santo es el Espíritu de Amor que procede del Padre y del Hijo. La dispensación de

Gracia Santificante es la gran obra del amor de Dios. ¡Qué agradecidos entonces debemos estar por este poder de santificación, por este regalo precioso de gracia y qué celosamente debemos guardar este tesoro! El infierno se esfuerza al máximo por robarnos esta joya porque los ángeles caídos se dan cuenta de su gran valor.

¡Pero ay, cuántas almas fracasan al calcular su inestimable valor! ¡A menudo lo venden por una insignificancia! Después de la batalla de Borgoña en 1476, un soldado encontró un diamante entre los escombros en el campo de batalla. Lo cogió, pero pensando que era un vidrio, lo lanzó lejos. Lo recogió otra vez y lo vendió por un florín (cerca de cuarenta centavos).

Estimado lector, la joya que es la Gracia Santificante que Dios ha colocado en su corazón vale un millón de veces más que el diamante que el soldado primero echó muy lejos y luego lo vendió por unos centavos. No venda por ningún pecado mortal su preciosa joya de gracia, porque esta joya le hace más rico que toda la abundancia del poder del mundo. ¡Rece, rece mucho, porque satanás va a intentar robarle su tesoro!

INSCRIPCIÓN EN UNA LÁPIDA

Hay personas que, aunque físicamente están vivas, espiritualmente están muertas porque carecen de Gracia Santificante.

En un cementerio había una lápida que llevaba esta curiosa inscripción: "Aquí reposa N. N. Murió a los 90 años de edad, pero vivió solamente 3 años". Un viajero, incapaz de comprenderlo, preguntó su significado. El cuidador le contestó: "Ese hombre vivió una vida de pecado hasta sus 87 años. Solo los tres últimos años de su vida, los vivió temiendo a Dios. Antes de su muerte, solicitó que esta inscripción fuese puesta en su lápida".

EL TEMPLO DEL ESPÍRITU SANTO

Origen, uno de los grandes escritores de la Iglesia primitiva, hijo de San Leonidas, sufrió el martirio por la fe en el año 204 durante la persecución bajo el Emperador Severo. Cuando Origen era niño, San Leonidas se acercaba a su cuna y besaba reverentemente el pecho del niño mientras dormía. Cuando le preguntaron por qué lo hacía, San Leonidas contestó: "El cuerpo de mi hijo es un templo del Espíritu Santo".

El Espíritu Santo mora en el alma del hombre justo y lo santifica, lo ennoblece y lo enriquece infundiendo en él la Gracia Santificante. Esta gracia da a la criatura una participación en la naturaleza divina y en la vida sobrenatural que esta gracia implanta y es coronada por el Espíritu Santo quien hace del cuerpo así mismo su morada. ¡Insatisfecho con darnos Sus gracias y dones, el Espíritu Santo se nos da a sí mismo! Él mismo, como sello de nuestra santificación, mora en nosotros, y Él mismo, como el más excelente regalo, acompaña Sus dones y gracias.

Todos estos magníficos e incontables regalos se conceden con el único propósito de dotarnos dignamente para la presencia de tan grandiosa Majestad. La santidad de nuestro templo es el mismo Espíritu Santo. Él desea recalcar esta verdad sobre todos los cristianos con estas palabras del Apóstol: "¿No sabéis vosotros que sois templos de Dios y que el Espíritu de Dios mora en vosotros? … Porque el templo de Dios que sois vosotros es santo" (*1 Corintios* 3:16-17).

EL TEMPLO SANTIFICADO

El Espíritu Santo consagra nuestro corazón como Su templo viviente y mora en nosotros constantemente de una nueva y maravillosa manera. "Cualquiera que me ama, observará mi doctrina, y mi Padre le amará, y vendremos a él, y haremos mansión dentro de él" (*Juan* 14:23). Qué tesoro tan inestimable es la Gracia Santificante, que nos trae todos los dones, incluso al mismo autor de toda santidad y bondad. ¡Pero que poco apreciado es este tesoro; que tan negligentemente es derrochada esta joya cuando cometemos pecado mortal!

¡Querida alma, estime este invaluable regalo! Oh, "¡si tú conocieras el Don de Dios!" (*Juan* 4:10). ¡Se dio cuenta quién es el que viene a usted en Gracia Santificante, cuán cuidadosamente lo debe preservar, incluso al costo de su vida! ¡Qué agradecido deberá estar con sus padres, sacerdotes, y aquellos que educaron su mente, entrenaron su voluntad y guiaron su alma, quienes le ayudaron a preservar el tesoro más precioso de la Gracia Santificante y del Espíritu Santo!

EL TEMPLO PROFANADO

El Espíritu Santo mora en nuestra alma mientras nos preservemos del pecado mortal. El pecado mortal obliga al Espíritu Santo a partir. La luz y las tinieblas no pueden morar juntas. "¿Qué compañía puede haber entre la luz y las tinieblas?" pregunta San Pablo (*2 Corintios* 6:14). El Espíritu Santo no tiene ninguna comunicación, ni convive con el espíritu maligno; no pueden vivir juntos en un alma, y es cierto que un alma está entregada al poder del malvado mientras está en pecado mortal. La sabiduría del Espíritu Santo no entra en un alma perversa; el Espíritu Santo odia la hipocresía y no mora en un cuerpo que sirve al pecado y al vicio.

¡Oh, que siempre recordemos la dignidad a la cual nuestro cuerpo ha sido elevado porque el Espíritu Santo mora en este! ¡Qué deber tan sagrado recae sobre nosotros para que preservemos este cuerpo puro y nunca abusemos de él! Todos sus miembros -ojos, oídos, lengua, manos, pies- deben servir al Espíritu Santo.

¡Ay de aquellos que profanen este templo! El Apóstol escribe: "Pues si alguno profanare el templo de Dios, Dios lo destruirá. Porque el templo de

Dios, que sois vosotros, santo es" (*1 Corintios* 3:17). Este templo es profanado más frecuente y vergonzosamente por medio de pecados de impureza. Día y noche, el malvado enemigo intenta encender este sagrado templo con chispas de tentaciones impuras y busca así expulsar de ahí al Espíritu de amor divino.

Si nos armamos con el temor al Señor, el demonio no podrá entrar en nuestro corazón o establecer su dominio allí. Evitemos pensamientos, imaginaciones y deseos pecaminosos; abstengámonos de usar un lenguaje impuro; y, evitemos las malas obras. No entristezcamos al Espíritu Santo, ni extingamos el santo fuego del amor divino que quema en el altar de nuestros corazones. Seamos dóciles a las incitaciones del Espíritu Santo, que con Su amor divino iluminará nuestra mente, purificará nuestro cuerpo y nuestra alma y encenderá nuestro corazón.

Con esto podríamos darnos cuenta de la terrible desgracia que es cometer un pecado mortal, la cual profana al templo del Espíritu Santo y lo saca de nuestro corazón con Sus dones y gracias gloriosas. Cuando el Espíritu Santo parte, también perdemos el amor, la paz, la alegría y la consolación divina, así como la esperanza de la salvación eterna. ¡Oh, qué triste es para el pecador apartar al Espíritu Santo de Su consagrado templo!

Si alguna vez por desgracia perdemos la Gracia Santificante, debemos llorar amargamente por esta indescriptible pérdida y no descansar día ni noche hasta que hayamos recuperado este divino tesoro. Este adorno, el más hermoso del alma, recibido en el Bautismo, si es perdido a causa del pecado mortal, es restaurado por el Espíritu Santo en el Sacramento de la Penitencia (Confesión); también por contrición perfecta cuando es acompañado por la voluntad de ir al Sacramento de la Confesión.* Por lo tanto, la Gracia Santificante también se llama la "Gracia de la Justificación" porque nos hace santos y nos eleva del estado de pecado al estado de justicia, a esa justicia que nos hace agradables a Dios y capaces de poseerlo por siempre en el cielo.

LA RESPUESTA DE SANTA LUCÍA

Santa Lucía sufrió martirio bajo el poder del Emperador Diocleciano. Ella pertenecía a una

---

* Nota: Las Glorias de la Gracia Divina, por el famoso escritor Matías Scheeben, es quizás la mejor obra escrita sobre la Gracia Santificante.—*Editor, 2002.*

familia noble y de mucha riqueza. Un joven pagano que deseaba casarse con ella, la denunció al prefecto como "cristiana" porque ella rechazó darle su mano en matrimonio. El prefecto apresó a Lucía e intentó ganársela con amenazas y promesas, pero todo fue en vano. La adulación no dio fruto alguno. Este ordenó azotarla. Al oír esta sentencia, Lucía dijo: "Usted perderá solamente su tiempo al torturarme, porque las palabras que he pronunciado no son mías, sino son inspiradas por el Espíritu Santo".

"¿Está el Espíritu Santo viviendo en ti?" preguntó el prefecto.

Lucía contestó: "Los corazones de los castos y santos son los templos del Espíritu Santo".

"Entonces te quitaré esa virtud de la cual hablas", dijo el prefecto con mucha cólera, "y el Espíritu Santo te abandonará".

Con gran furia, ordenó que llevaran a Lucía a un antro de perdición, pero cuando los malvados internos trataron de agarrarla, ella se paró inamovible como un pilar. El tirano entonces ordenó que la cubrieran con aceite y resina y la quemaran viva. Pero las llamas no tocaban a la santa, y el prefecto, para lograr su muerte, pidió que la perforaran con una espada. Esto se realizó y la virgen mártir fue a disfrutar por siempre del amor del Espíritu Santo.

Capítulo 7

LA INMACULADA ESPOSA DEL ESPÍRITU SANTO

CIERTO artista ha representado a María como la Esposa del Espíritu Santo. La foto muestra a María parada sobre un globo, el que representa al mundo. Arriba de ella está la Santísima Trinidad. Directamente sobre su cabeza se sostiene en el aire el Espíritu Santo en forma de paloma. Las gracias, representadas por rayos de luz, fluyen de Él hacia el corazón de María, y de ahí se vierten sobre la tierra en siete corrientes, simbolizando los siete Dones del Espíritu Santo concedidos a los hombres con la mediación de María.

En varios pasajes de la Santa Escritura, el mismo Espíritu Santo llama a María Su Esposa. Incluso en el primer instante de su concepción, Él impartió una plenitud tan grande de gracia a María que ni todos los ángeles y santos combinados han logrado tal grado de perfección.

En éxtasis por la belleza de María, el Espíritu Santo exclama con admiración: "¡Qué hermosa eres, amada mía, qué hermosa eres!" (Cantares 4:1). Pero es ante todo en la Encarnación del Hijo de Dios que María llegó a ser la Esposa del Espíritu Santo porque ella concibió la Palabra Eterna con el poder del Espíritu Santo.

A través de María, con María y en María, el Espíritu Santo hace nacer al Dios hecho hombre y del mismo modo Él crea diariamente, hasta el fin del tiempo, a los hijos electos de Dios. San Luis María Grignion de Montfort dice: "El Espíritu Santo impartió a María Sus inmensurables dones y le ha hecho dispensadora de todas Sus gracias, de modo que ella distribuye Sus dones y gracias, tanto como ella quiera, como y donde ella quiera. No hay gracia otorgada del cielo al hombre excepto a través de sus manos virginales". San Bernardo, San Alfonso y muchos otros teólogos tienen la misma opinión.

Para permitir que María cumpla su sublime trabajo como Madre de todos los hijos de Dios, ella requirió otra plenitud de gracia, y esto ella recibió del Espíritu Santo en Su venida en Pentecostés. María se había unido a los Apóstoles en el cenáculo, y por nueve días había rezado con ellos y había suspirado por la venida del Consolador Divino. Fue debido principalmente a sus plegarias y deseos ardientes que el Espíritu Santo bajó con tales gracias.

A través de María debemos buscar gracia, porque ella es la Esposa del Espíritu Santo, y todas las gracias se dispensan a través de sus manos. Saludemos a menudo a María como la Esposa del Espíritu Santo.

Capítulo 8

DEVOCIÓN AL ESPÍRITU SANTO

LA LLAVE DE ORO PARA RECIBIR ESTAS GRACIAS

Tener devoción al Espíritu Santo es tener la llave de oro con la que el alma obtiene acceso directo a la cámara que contiene este rico tesoro. De aquí, el Espíritu Santo dispensa gracias y más gracias con ilimitada liberalidad y mucho placer, porque Él es amor eterno; y al dar, le produce más placer que la experiencia que el mismo hombre siente al recibirlas. En Su amor infinito Él desea ardientemente hacer felices a las almas, tanto como una madre desea llenar de alegría a su hijo. Las almas que honran al Espíritu Santo de una manera particular sin duda recibirán gracias especiales.

La Santísima Madre de Dios y los Apóstoles fueron los primeros en practicar una devoción especial al Espíritu Santo. San Pablo habla del

Espíritu Santo cientos de veces en sus Epístolas. Todos los Santos Padres de la Iglesia han seguido los pasos de los Apóstoles. Todos han glorificado al Espíritu Santo, y algunos han escrito volúmenes enteros alabándolo. Solamente a San Ambrosio se le atribuyen cuatro libros sobre el Espíritu Santo.

Una vez cuando el glorioso Pontífice, Papa San Pío V, estaba considerando estas palabras del salmista real: "Envía, Señor, Tu Espíritu y todo será creado, y renovarás la faz de la tierra" se convenció que estas palabras, que se cumplieron en el primer Pentecostés, continuarán cumpliéndose si los cristianos invocan al Espíritu Santo con corazones arrepentidos.

El Papa León XIII, en su Encíclica del 9 de mayo de 1897, dice: "Seriamente deseamos que… la piedad aumente y se inflame hacia el Espíritu Santo, a quien especialmente todos nosotros le debemos la gracia de seguir el camino de la verdad y la virtud".

"La devoción al Espíritu Santo", dice el Cardinal Manning, "intenta hacernos reconocer la presencia y la morada del Espíritu Santo, no solo en la Iglesia en general, sino también en cada uno de nosotros en particular".

El Espíritu Santo no es honrado en absoluto por algunos católicos y muy poquito por la mayoría. Es lamentable que muy pocos libros de oración contienen devociones al Espíritu Santo, porque es incesante administración de gracias que Él obra en la vida sobrenatural de los fieles. Recordemos que toda luz, inspiración, llamada divina, todas las buenas obras que hemos realizado durante nuestra vida, todos nuestros actos de contrición, de confianza en la divina misericordia, el amor y la resignación han sido regalos del Espíritu Santo. La manera oculta en la cual el Espíritu Santo funciona, obscurece las gracias de nuestra vista superficial, pero nunca nos olvidemos que somos Sus templos.

SAN VICENTE PALLOTTI

Mientras que era un joven estudiante, San Vicente Pallotti, quien murió en Roma en 1850, tenía poca aptitud para el estudio y progresaba poco en la escuela. Siguiendo el consejo de su madre, Vicente pidió al Espíritu Santo que un rayo de luz ilumine su floja comprensión. El Espíritu Santo envió un rayo de luz al corazón del piadoso estudiante y este no solo llegó a ser un útil sacerdote, sino también un eminente predicador y el fundador de una congregación religiosa.

CÓMO PREPARARSE PARA LA VENIDA DEL ESPÍRITU SANTO

Para obtener los Dones del Espíritu Santo, debemos en primer lugar despertar en nuestros corazones el deseo ardiente por el Espíritu Santo y Sus Dones considerando las grandes gracias que Él otorga, especialmente Su ardiente caridad y divina consolación. Nuestro Divino Salvador en varias ocasiones prometió el Espíritu Santo a los Apóstoles como el consolador, consejero y profesor.

En segundo lugar, debemos rezar lo más fervientemente posible al Espíritu Santo tal como lo hicieron los Apóstoles antes de Pentecostés. La oración es la llave de oro hacia la cámara del tesoro del Espíritu Santo. Por lo tanto, debemos a menudo hacer novenas al Espíritu Santo durante todo el año.

NOVENA AL ESPÍRITU SANTO

San Juan María Vianney, el Cura de Ars, estaba acostumbrado a decir: "Sin el Espíritu Santo, todo es frío. Por lo tanto, cuando sentimos que estamos perdiendo nuestro fervor, debemos comenzar inmediatamente una novena al Espíritu Santo para pedir fe y amor".

La Virgen Santísima y los Apóstoles pasaron los nueve días que siguieron a la Ascensión de Nuestro Señor en oración y recogimiento, preparándose para la venida del Espíritu Santo. Esta fue la primera novena hecha en la Iglesia Católica. Se hizo al comando de nuestro mismo Señor y es el modelo del resto de novenas. Debe tener un lugar prominente en nuestras devociones.

San Alfonso escribe: "La novena al Espíritu Santo es la principal de todas las novenas, porque fue la primera novena celebrada y la hicieron la Santa Madre de Dios con los Apóstoles en el mismo cuarto donde Jesús celebró la Última Cena. Fue recompensada por muchas maravillas y dones, principalmente por la venida del Espíritu Santo, un don alcanzado para nosotros por la Pasión de Nuestro Señor Jesucristo".

El Papa León XIII recomendó que se hiciera una novena antes de la Fiesta de Pentecostés en todas las iglesias de las parroquias, para implorar por el retorno de los herejes y cismáticos a la verdadera fe.

"Nuestros corazones están en los altares de Dios, dice San Gregorio, dónde Él desea que el fuego del amor divino siempre esté quemando. Por lo tanto, el Padre Eterno, insatisfecho con habernos dado a Su Hijo Jesucristo para salvarnos con Su muerte, también nos da al Espíritu Santo, para que more en nuestras almas y las mantenga ardiendo constantemente con Su amor divino".

Cualquiera de las oraciones en este librito se puede utilizar para rezar una novena. También se recomienda rezar el Gloria siete veces en honor al Espíritu Santo.

LA FIESTA DE PENTECOSTÉS

San Gregorio Magno escribe: "Como Dios ha dado dos partes importantes al cuerpo del hombre, la cabeza y el corazón, para que puedan ser los órganos de las principales facultades, el entendimiento y la voluntad, así también, el mismo Dios ha dado al Cuerpo Místico, que es la Iglesia Católica, a Cristo como su cabeza y al Espíritu Santo como su corazón. A través de la una aprendemos la verdad eterna, por medio de la otra, aprendemos a amarla y practicarla".

El Espíritu Santo descendió de las alturas del cielo para distribuir los inmensos tesoros a los que nuestro Salvador nos hizo merecedores con Su amarga pasión y muerte. Él completa la obra de la Redención e ilumina al mundo con los rayos de la verdad y del amor. El Espíritu Santo bajó en forma de paloma, de llamas y de lenguas ardientes. Por Su mansedumbre y bondad, Él vino bajo forma de paloma y desea darnos tranquilidad de corazón. Él vino en la forma de llamas, para simbolizar fervor por la justicia que imparte; y vino como lenguas ardientes, para incitar al hombre a que use palabras de amor ardiente.

En Pentecostés, el Espíritu Santo vino y consagró a los Apóstoles como templos espirituales y los santificó de modo que todo lo desagradable a Dios sea destruido. También nosotros hemos sido consagrados por el Espíritu Santo como templos del Altísimo en el agua bautismal de regeneración espiritual. En el Bautismo nos han purificado del pecado original y recibiendo gracia santificante nos han adornado con el traje de honor y justificación. De ser pecadores llegamos a ser justos; y de ser enemigos de Dios, pasamos a ser Sus amigos, Sus hijos y herederos de la gloria divina.

¡Oh, con que sinceridad debemos agradecer a nuestro Santificador, el dador de Gracia Santificante, el Espíritu Santo! ¡Qué agradecidamente debemos recordar el día de nuestro Bautismo! Los primeros cristianos estimaron tanto el aniversario de su Bautismo que lo celebraron como una fiesta y cada año renovaron sus votos bautismales para demostrar su gratitud a la Santísima Trinidad y especialmente al Espíritu Santo. En el aniversario de nuestro Bautismo, debemos también renovar nuestros votos bautismales y estar agradecidos por los inestimables beneficios que nos concede este Sacramento tan grande y sublime. Por medio de este, fuimos liberados de la esclavitud de satanás, lavaron nuestros pecados, nos dieron nueva vida espiritual, nos adornaron con el traje de luz y gracia, nos admitieron al rebaño de Cristo, y recibimos el sello imborrable de santidad [el "carácter bautismal"] en nuestras almas por medio de la obra del Espíritu Santo. Nunca olvidemos que somos miembros de este Cuerpo Místico del cual Cristo es la cabeza y el Espíritu Santo es el alma.

San Juan Crisóstomo superó todos los asaltos del maligno espíritu renovando sus votos bautismales con estas palabras: "Renuncio a ti, satanás. ¡Te desprecio a ti y a todas tus obras! No quiero ninguna parte de ti, ni de tu orgullo. ¡Tú, Jesús, eres mi Señor y mi Amo; Tú eres mi Salvador! A Ti me aferro; A Ti me entrego enteramente".

San Juan frecuentemente recomendaba este ejercicio en sus sermones.

ORACIONES

AGRADECIMIENTO POR LAS GRACIAS BAUTISMALES

CREO en Ti, Dios Padre Todopoderoso, Creador del Cielo y de la Tierra. Tú me has aceptado como Tu hijo y por el agua bautismal de la regeneración me has hecho heredero de Tu Reino.

Creo en Ti, Señor Jesucristo, Hijo único del Padre, engendrado, q˚ue sufrió y murió por mí y por Tu Preciosa Sangre me rescató de la esclavitud de satanás.

Creo en Ti, Espíritu Santo, que me creaste y consagraste como Tu templo y me elegiste como recipiente de gracia divina.

Renuncio al diablo con todas sus obras y tentaciones. Renuncio a todos los deseos malignos de la carne y del mundo con todas sus vanidades y engaños, y resuelvo firmemente llevar una vida verdaderamente cristiana. Que la Santísima Trinidad consolide este propósito, por medio del cual yo sello esta renovación de mis votos bautismales. En nombre del Padre y del Hijo y del Espíritu Santo. Amén.

ORACIÓN AL ESPÍRITU SANTO

ESPÍRITU Santo, divino Espíritu de luz y amor, Te consagro mi entendimiento, mi corazón, mi voluntad y todo mi ser, por ahora y por siempre. Que mi entendimiento sea siempre sumiso a Tus divinas inspiraciones y a las enseñanzas de la Iglesia Católica que Tú guías infaliblemente. Que mi corazón siempre esté ardiente de amor a Dios y al prójimo. Que mi voluntad esté siempre conforme a Tu divina voluntad. Que toda mi vida sea fiel imitación de la vida y virtudes de Nuestro Señor y Salvador Jesucristo, a quién contigo y el Padre se de todo el honor y la gloria por siempre. Amén.

HIMNO AL ESPÍRITU SANTO «VENI CREATOR»

Ven Espíritu creador,
visita las almas de Tus fieles.
Llena de divina gracia los corazones
que Tú mismo has creado.

Tú eres nuestro consuelo,
don de Dios altísimo,
fuente viva, fuego, caridad
y espiritual unción.

Tú, con Tus siete Dones,
eres fuerza de la diestra de Dios.
Tú, el prometido del Padre,
pones en nuestros labios
los tesoros de Tu palabra.

Enciende con Tu luz nuestras mentes,
infunde Tu amor en nuestros corazones
y con Tu perpetuo auxilio,
fortalece nuestra frágil carne.

Aleja de nosotros al enemigo,
danos pronto Tu paz,
siendo Tú mismo nuestra guía,
evitaremos todo lo que es nocivo.

Que por Ti conozcamos al Padre,
y también al Hijo y que en Ti,
que eres el Espíritu de ambos,
creamos en todo tiempo.

Gloria a Dios Padre por siempre
y al Hijo que resucitó de entre los muertos,
y al Espíritu Consolador,
por los siglos de los siglos.
Amén

LETANÍA AL ESPÍRITU SANTO

Para uso privado solamente

Señor, *ten piedad de nosotros.*
Cristo, *ten piedad de nosotros.*
Señor, *ten piedad de nosotros.*
Cristo, *óyenos.*
Cristo, *escúchanos.*

A cada invocación respondemos:
"Ten piedad de nosotros".
Dios, Padre Celestial.
Dios, Hijo, Redentor del mundo.
Dios, Espíritu Santo.
Santísima Trinidad, un Dios.

Espíritu de sabiduría.
Espíritu de entendimiento.
Espíritu de consejo.
Espíritu de fortaleza.
Espíritu de conocimiento.
Espíritu de piedad y santidad.
Espíritu de temor al Señor.
Espíritu de fe y fervor.
Espíritu de esperanza y consolación.
Espíritu de caridad.
Espíritu de gozo.
Espíritu de paz y salud.
Espíritu de humildad.
Espíritu de paciencia.
Espíritu de benignidad y amabilidad.
Espíritu de bondad.
Espíritu de longanimidad.
Espíritu de mansedumbre.
Espíritu de modestia.
Espíritu de continencia.
Espíritu de castidad y pureza.
Espíritu de gracia y misericordia.
Espíritu de fidelidad y verdad.
Espíritu de perfección y justicia.
Espíritu dispensador de todas las gracias.

Soberano y protector de la Iglesia Católica.
Consolador del afligido y de los confesores.
Eterna luz, fuente de vida.
Unción de nuestro espíritu.
Gozo de los ángeles.
Luz de los patriarcas.
Inspirador de los profetas.
Maestro de los apóstoles.
Fuerza de los mártires.
Pureza de las vírgenes.
Deleite de los santos.

A cada invocación respondemos:
"*Libéranos, Espíritu Santo*".
De todo pecado y de todo mal.
De las trampas del maligno espíritu.
De toda impureza de alma y cuerpo.
De toda gula, sensualidad y malicia.
De nuestras pasiones y apetitos desordenados.
Del desprecio a las cosas pequeñas.
De todo afecto a los bienes terrenos.
De toda hipocresía y fingimiento.
De la murmuración y doblez al prójimo.
Del amor y juicio propio.
Del no estar atentos a vuestra inspiración santa.

Del desaliento y la desesperación.
De toda imperfección.
De una muerte repentina y desprovista.
De todo lo que Te desagrade.
Del querer desear algo que no seas Tú, Dios mío.

A cada invocación respondemos:
"*Te suplicamos, óyenos*".
Nosotros pecadores.
Que animes y santifiques con Tu gracia a todos los miembros de la Santa Iglesia.
Que gobiernes y difundas Tu Santa Iglesia.
Que protejas e ilumines al Santo Padre, los Obispos y Sacerdotes.
Que traigas a la verdadera fe a los herejes y a los infieles.
Que llenes a la juventud cristiana con Tus Dones divinos.
Que purifiques nuestras mentes, corazones y cuerpos.

Cordero de Dios que quitas el pecado del mundo.
Danos el Espíritu Santo.
Cordero de Dios que quitas el pecado del mundo.
Envíanos al Espíritu Santo.

Cordero de Dios que quitas el pecado del mundo.
Vierte en nosotros el Espíritu Santo.

Envía, Señor, tu Espíritu y todo será creado.
Y renovarás la faz de la tierra.

¡Oh Dios!, que has iluminado los corazones de Tus fieles con la luz del Espíritu Santo, concédenos que guiados por el mismo Espíritu, seamos dóciles a Sus inspiraciones para buscar solo el bien y gozar de Su consuelo. Por Jesucristo, Nuestro Señor. Amén.

CONSAGRACIÓN AL ESPÍRITU SANTO

RECIBE Espíritu Santo de amor, la consagración perfecta y absoluta de todo mi ser que Te hago este día, para que de aquí en adelante, en cada momento de mi vida y en cada una de mis acciones, Tú seas mi director, mi luz, mi guía, mi fuerza y todo el amor de mi corazón. Me abandono sin reservas a Tu santa obra y quiero siempre ser dócil a Tus divinas inspiraciones.

Espíritu Santo, fórmame con María y en María, según el modelo de nuestro amado Señor Jesucristo.

Gloria al Padre, el Creador. Gloria al Hijo, el Redentor. Gloria al Espíritu Santo, el Santificador. Amén

ORACIÓN POR LA UNIDAD

ESPÍRITU Santo, Espíritu de verdad, entra en nuestros corazones, vierte el brillo de Tu luz sobre las naciones, para que puedan satisfacerte en la unidad de la fe. (*Raccolta* 277)

ORACIÓN POR LOS AFLIGIDOS

ESPÍRITU Santo, que eres Dios con el Padre y el Hijo, libéranos de tristezas y desalientos, preserva a todos los cristianos de la desesperación y sus fatales resultados. A todos, incluso a los que destruyen sus propias vidas y a los que les sorprenda una muerte repentina o violenta, concédeles misericordiosamente el tiempo y la gracia de hacer un acto de contrición perfecto. Amén.

ORACIÓN PARA OBTENER LAS GRACIAS DEL ESPÍRITU SANTO

DIOS, ante quien cada corazón se entrega enteramente y a quien no se oculta ningún secreto, purifícanos. Te suplicamos que con la gracia abundante del Espíritu Santo nuestros corazones puedan amarte perfectamente y alabarte dignamente. Por Nuestro Señor Jesucristo. Amén.

ACTO DE CONTRICIÓN

DIOS Espíritu Santo, Divino Espíritu de misericordia, verdad, santidad y amor, me duele al pensar que hay almas que obstinadamente se oponen a Ti. Aún así, yo también Te he ofendido con mis pecados. Ahora imploro Tu misericordia y perdón; y prometo, con la ayuda de Tu Divina Gracia, nunca ofenderte más y evitar toda ocasión de pecado. Amén.

ORACIÓN DE SANTA GERTRUDIS

HONOR y gloria a Ti, el más dulce, más consolador, más suave, más manso, más amable, más compasivo, más gentil Espíritu Santo. Tú, el más dulce Consolador de las almas piadosas, llena nuestros corazones de Tus gracias y Tus dones. Amén.

ASPIRACIONES AL ESPÍRITU SANTO

(Para decirlas después de la Misa o la Santa Comunión)

Luz del intelecto, ilumíname.
Divino Fuego del corazón, enardéceme.
Plenitud del alma, lléname.
Señor de gracia y vida, vivifícame.
En este valle de lágrimas, guíame.
En mi debilidad, fortaléceme.
De tropiezos y caídas, libérame.
Con Tus divinos dones, inúndame.
Con Tu presencia, consuélame.
Con Tus divinas obras, santifícame.
En mi divino Jesús, transfórmame.
Y a Tu gloria eterna, llévame.

Que habiendo sido fiel en la tierra,
pueda ser eternamente feliz en el cielo,
reflejando perfectamente Tu amor. Amén.

¡Que la gracia del Espíritu Santo ilumine nuestros corazones y los llene abundantemente con la dulzura de la caridad perfecta!

Te amo, mi Dios, Tú que eres amor infinito,
¡Confirma y aumenta mi amor hacia Ti!

VEN ESPÍRITU SANTO

Secuencia de Pentecostés

Ven, Espíritu divino,
manda Tu luz desde el cielo.
Padre amoroso del pobre;
don, en Tus dones espléndido;
luz que penetra las almas;
fuente del mayor consuelo.

Ven, dulce huésped del alma,
descanso de nuestro esfuerzo,
tregua en el duro trabajo,
brisa en las horas de fuego,
gozo que enjuga las lágrimas
y reconforta en los duelos.

Entra hasta el fondo del alma,
divina luz, y enriquécenos.
Mira el vacío del hombre
si Tú le faltas por dentro;
mira el poder del pecado
cuando no envías Tu aliento.

Riega la tierra en sequía,
sana el corazón enfermo,
lava las manchas,
infunde calor de vida en el hielo,
doma el espíritu indómito,
guía al que tuerce el sendero.

Reparte Tus siete Dones
según la fe de Tus siervos;
por Tu bondad y Tu gracia
dale al esfuerzo su mérito;
salva al que busca salvarse
y danos Tu gozo eterno.
Amén.

ORACIÓN PARA OBTENER LOS DONES DEL ESPÍRITU SANTO

ESPÍRITU Santo, concédeme el Don de Sabiduría, la luz sobrenatural por la cual pueda conocer a Dios más fácilmente como el ser Supremo, Su omnipotencia, Su eternidad, Su bondad y Su gloria y, que pueda probar y disfrutar con un alma encantada de la dulzura inefable de Su amor.

Espíritu Santo, imparte en mí el Don de Entendimiento, la luz transparente que revela a mi mente los misterios de la fe, las cosas que están arriba; no oscuramente, sino en un forma clara y convincente para cautivar mi corazón.

Espíritu Santo, imparte en mí el Don de Consejo, el rayo de luz que me dirigirá y me permitirá elegir siempre la verdad y el bien cuando me invadan las dudas o los peligros y que infaliblemente me guiará hasta el fin.

Espíritu Santo, imparte en mí el Don de Fortaleza, el rayo de fuerza que me ayudará con un alma generosa a superar toda tentación, toda dificultad y todo apuro en el camino a la salvación y a perseverar en fidelidad y amor a pesar de todos los obstáculos y pruebas.

Espíritu Santo, imparte en mí el Don de Conocimiento, esa luz reveladora que no solo me enseñará la verdad de todas las cosas referente a mi salvación, sino que hará que deteste lo que merece el desprecio y que ame lo que es digno de ser amado.

Espíritu Santo, imparte en mí el Don de Piedad, esa luz divina que penetrando en las profundidades de mi ser, no solo predispondrá mi corazón a amar el culto divino y los servicios litúrgicos de la Iglesia, sino también a practicar alegremente todo lo que la verdadera devoción requiere de mí.

Espíritu Santo, imparte en mí el Don del Temor al Señor. Permite que esa luz divina penetre mi alma y la llene de tal reverencia y temor de ofender a la Majestad Divina que me haga no solo tener pavor a cada pecado porque ofende a Dios, sino también evitar cuidadosamente lo que al menor grado hiere a la caridad divina. Amén.

ORACIÓN AL ESPÍRITU SANTO

ESPÍRITU Santo, tercera persona de la Santísima Trinidad, Espíritu de verdad, de amor y santidad, que procede del Padre y del Hijo y es igual a Ellos en todas las cosas. Te adoro y Te amo con todo mi corazón. Enséñame a buscar y seguir el propósito para el que me creaste; concédeme el santo temor a Dios, concédeme el reparo y la paciencia y que no caiga en pecado. Aumenta mi fe, esperanza y caridad. Concédele a mi alma todas las virtudes apropiadas para mi estado de vida. Hazme un fiel discípulo de Jesucristo y un obediente hijo de la Santa Iglesia. Concédeme la gracia para cumplir con los mandamientos eficazmente y para recibir los Sacramentos dignamente. Concédeme las cuatro Virtudes Cardinales, Tus siete Dones y Tus doce Frutos. Elévame a la perfección en el estado de vida al cual me llamaste y llévame a la vida eterna por medio de una muerte dichosa. Por Jesucristo, Nuestro Señor. Amén.

ORACIÓN EN HONOR AL ESPÍRITU SANTO

Por: Cardinal Henry Edward Manning

DIOS Espíritu Santo, a quien he ignorado, afligido y resistido desde mi niñez hasta ahora, revélame Tu personalidad, Tu presencia y Tu poder. Déjame reconocer Tus siete Dones, el Espíritu de Sabiduría y Entendimiento, de Consejo y Fortaleza, de Conocimiento, Piedad y Temor al Señor. A Ti que eres el Espíritu del Padre y del Hijo, que bautizas con fuego e infundes Tu amor en nuestros corazones, una cosa Señor pido de Ti, una cosa buscaré: ¡no riquezas, rangos, poder, ni hogar y felicidad terrenal, sino un rayo de luz divina, una chispa de fuego divino que me enardecerá y me sumergirá en este fuego de amor divino! Deja que este fuego sagrado queme y destruya cada vestigio de pecado que profana mi cuerpo y mi alma. Límpiame de una manera rápida con Tus dones. Transfórmame en un holocausto santo y enteramente agradable a Ti. Enciéndeme con el fervor de modo que pueda vivir la vida y morir la muerte de un pecador arrepentido, penetrado profundamente en Tu divino amor. Amén.

ORACIÓN AL ESPÍRITU SANTO A FAVOR DE LA IGLESIA

ESPÍRITU Santo, Creador, Se propicio a la Iglesia Católica; con Tú poder divino hazla fuerte y protégela contra los ataques del enemigo. Renueva con caridad y gracia el Espíritu de Tus sirvientes que has ungido para que puedan glorificarte a Ti, al Padre y a Su único Hijo amado. Por Jesucristo, Nuestro Señor. Amén.

ANHELO AL ESPÍRITU SANTO

ESPÍRITU Santo, bondadoso Consolador, ven a mí. ¡Mi alma suspira por Ti! ¡Mi corazón está sediento de Ti! Solamente Tú puedes satisfacer mi anhelo; solamente Tú puedes hacerme feliz. No desprecies, divino novio, la morada de mi pobre corazón.

Mi corazón está sucio, pero Tú lo puedes purificar.

Mi corazón está en tinieblas, pero Tú lo puedes iluminar.

Mi corazón es malvado, pero Tú lo puedes llenar de amor.

Mi corazón está triste, pero Tú lo puedes consolar.

Mi corazón es débil, pero Tú lo puedes fortalecer.

Mi corazón está frío, pero Tú lo puedes enardecer.

Mi corazón se aferra al mundo, pero Tú lo puedes llenar con deseos divinos.

Mi corazón está lleno de pecado, pero Tú lo adornas con todas las virtudes.

Mi corazón es inconstante y caprichoso, pero Tú lo puedes hacer dócil.

Ven, Espíritu Santo, Padre de los pobres, ven y lléname de Tu amor.

Padre, envíanos al Paráclito prometido por Jesucristo, Nuestro Señor. Amén.

ORACIÓN A MARÍA, ESPOSA DEL ESPÍRITU SANTO

(El Espíritu Santo dispensa Sus gracias a los que tienen un tierno amor y devoción a María, Su Inmaculada Esposa. María por su parte obtiene las más abundantes bendiciones para las almas que la honran e invocan como la Esposa del Espíritu Santo).

¡María, Novia intachable del Espíritu Santo, eres la gloria de Jerusalén, la alegría de Israel, el honor de nuestra nación! Tú, como mujer valerosa, aplastaste la cabeza de la serpiente cuando ofreciste el Hijo Divino al Padre Celestial, por amor al Espíritu Santo para la salvación del mundo. Con los méritos de este precioso sacrificio y con los sufrimientos de tu Hijo, obtén para nosotros los dones del Espíritu Santo. Agradezco al Espíritu Santo que te haya elegido como Su novia y te haya constituido en la dispensadora de Sus gracias. Mírame con ojos compasivos; mira mis angustias y necesidades. Ayúdame a nunca perder la gracia de Dios ni profanar el templo del Espíritu Santo, sino que mi corazón pueda siempre ser Su vivienda santa, y que contigo pueda eternamente alabar y adorar al Espíritu Santo en el cielo. Amén.

Nuestra Señora de la Luz, Esposa del Espíritu Santo, ruega para nosotros.

ORACIÓN POR LOS PECADORES

ESPÍRITU Santo, Espíritu del Padre y del Hijo, deja que la fuerza de Tu amor se sienta cada vez más en los corazones de los hombres. Deja que Tu luz brille cada vez más en las almas que están vagando en tinieblas, lejos de Dios. Encamínalos al corazón de Jesús que da la luz y a la corriente curativa de Su Preciosa Sangre. Fortalece a las almas que Te aman. Perfecciona en ellas Tus siete Dones y Tus doce Frutos; y haz de ellos Tu templo aquí en la tierra para que por siempre Te adoren. Amén.

ESPÍRITU SANTO

ESPÍRITU Santo, dulce huésped de mi alma, habita en mí, y concédeme que pueda siempre habitar en Ti. Amén.

VEN ESPÍRITU SANTO

Ven, Espíritu Santo,
llena los corazones de Tus fieles,
y enciende en ellos el fuego de Tu divino amor.

Envía, Señor, Tu Espíritu y todo será reado.
Y renovarás la faz de la tierra.

Oh Dios,
que has iluminado los corazones de Tus fieles
con la luz del Espíritu Santo;
Concédenos que guiados por el mismo Espíritu,
Seamos dóciles a Sus inspiraciones
para buscar solo el bien y gozar de Su consuelo.
Por Jesucristo, Nuestro Señor. Amén.

(La primera oración de esta última plegaria, "Ven Espíritu Santo," puede ser repetida con frecuencia durante el día; es un medio para lograr una verdadera devoción interior. El Espíritu Santo puede impartir una verdadera devoción, porque siempre será verdad lo que un docto teólogo de nuestro tiempo dijo: "La devoción de nuestra época sufre una enfermedad general: No tiene origen en el Espíritu Santo". El Espíritu Santo quiere una vida ordenada para Sus inspiraciones).